Impressum
Verlag: BABADADA GmbH, Nedderfeld 112 , 22529 Hamburg
Geschäftsführer / Verlagsleitung: Harald Hof
Druck: Books on Demand GmbH, In de Tarpen 42, 22848 Norderstedt

Imprint
Publisher: BABADADA GmbH, Nedderfeld 112 , 22529 Hamburg, Germany
Managing Director / Publishing direction: Harald Hof
Print: Books on Demand GmbH, In de Tarpen 42, 22848 Norderstedt

בית ספר

школа

כיתה
классная комната
חילק
делить
186/2
לוח
доска
школьный двор
מורה
учитель
נייר
бумага
כתב
писать
עט
ручка
שולחן עבודה
письменный стол
סרגל
линейка
ספר
книга
תלמיד
ученик

ילקוט

ранец

קלמר

пенал

עיפרון

карандаш

מחדד

точилка

גומי מחיקה

ластик

חוברת סרטוט

альбом для рисования

סרטוט

рисунок

מברשת

кисточка

קופסת צבעים

коробка красок

מספריים

ножницы

דבק

клей

ספר תרגול

тетрадь

שיעור בית

домашняя работа

מספר

цифра

חיבר

прибавлять

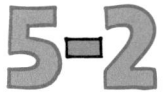

חיסר

вычитать

הכפיל

умножать

חישב

считать

אות

буква

אלפבית

алфавит

מילה

слово

טקסט

текст

קרא

читать

גיר

мел

שיעור

урок

יומן נוכחות

классный журнал

מבחן

экзамен

תעודה

диплом

תלבושת בית ספר

школьная форма

חינוך

образование

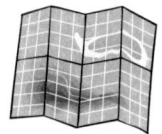

אנציקלופדיה

энциклопедия

אוניברסיטה

университет

מיקרוסקופ

микроскоп

מפה

карта

סל נייר

корзина для бумаг

נסיעה
путешествие

מלון
הוסטל
турбаза
המרת מטבע
пункт обмена валюты
מזוודה
чемодан
אוטו
автомобиль

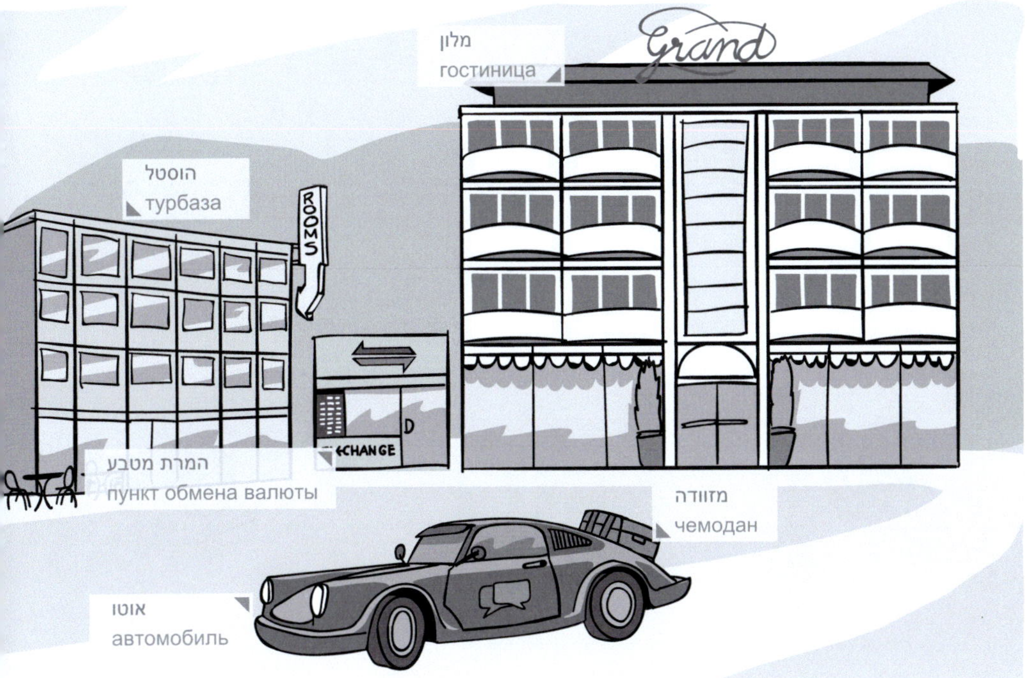

שפה

язык

כן / לא

да / нет

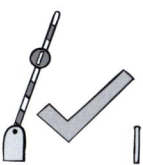

בסדר

хорошо

שלום

Привет

מתרגם

переводчик

תודה

Спасибо

כמה עולה.....?

Сколько стоит…?

אני לא מבין

Я не понимаю

בעיה

проблема

ערב טוב!

Добрый вечер!

בוקר טוב!

Доброе утро!

לילה טוב!

Доброй ночи!

להתראות

До свидания

כיוון

направление

כבודה

багаж

תיק

сумка

תרמיל גב

рюкзак

אורח

гость

חדר

комната

שק שינה

спальный мешок

אוהל

палатка

מרכז מידע לתיירים

туристическая
информация

חוף ים

пляж

כרטיס אשראי

кредитная карточка

ארוחת בוקר

завтрак

ארוחת צהריים

обед

ארוחת ערב

ужин

כרטיס

билет

מעלית

лифт

בול

почтовая марка

גבול

граница

מכס

таможня

שגרירות

посольство

אשרה

виза

דרכון

паспорт

תחבורה

транспорт

מטוס
самолёт
אונייה
корабль
כבאית
пожарный автомобиль
משאית
грузовик
אוטובוס
автобус
סירת מנוע
моторная лодка
אופניים
велосипед
אוטו
автомобиль

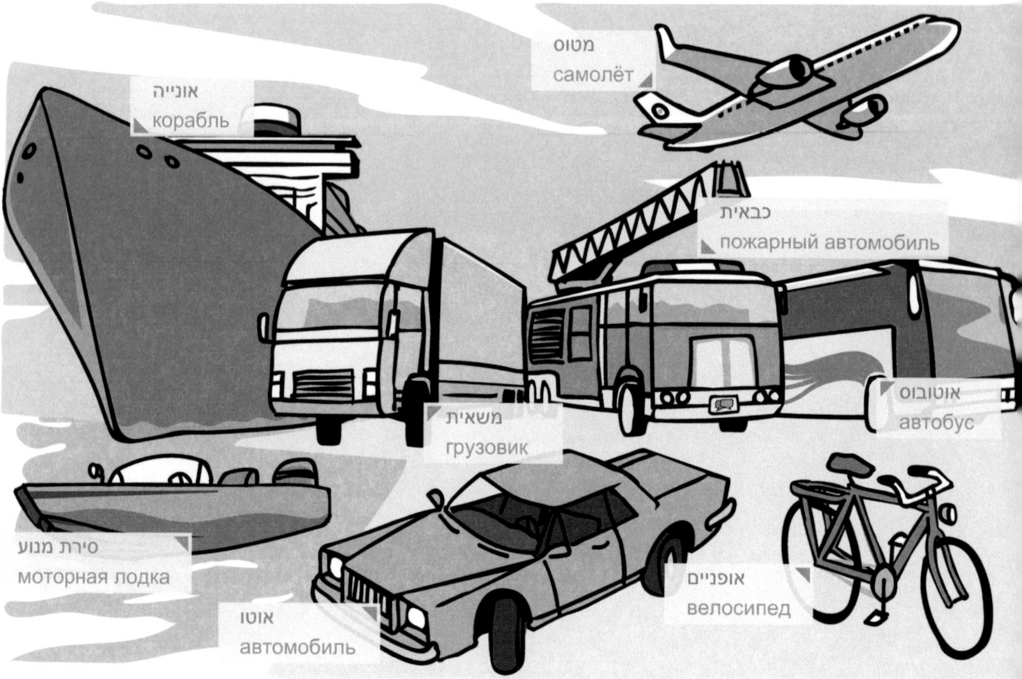

מעבורת

паром

סירה

лодка

אופנוע

мотоцикл

ניידת משטרה

полицейский автомобиль

מכונית מרוץ

гоночный автомобиль

רכב שכור

арендованный автомобиль

מכוניות בשיתוף

совместное пользование
автомобилями

אוטו גרר

буксировочный
автомобиль

משאית זבל

мусоровоз

מנוע

двигатель

דלק

топливо

תחנת דלק

заправка

תמרור

дорожный знак

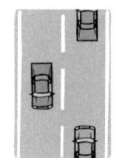

תנועה

движение

פקק תנועה

пробка

חניה

автостоянка

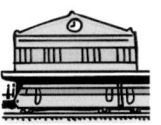

תחנת רכבת

вокзал

פסי רכבת

рельсы

רכבת

поезд

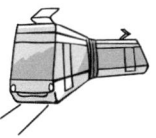

רכבת קלה

трамвай

קרון

вагон

מסוק

вертолёт

שדה-תעופה

аэропорт

מגדל

вышка

נוסע

пассажир

קונטיינר

контейнер

קרטון

коробка

עגלה

тележка

סל

корзина

המראה / נחיתה

взлетать / приземляться

עיר

город

כפר

деревня

מרכז העיר

центр города

בית

дом

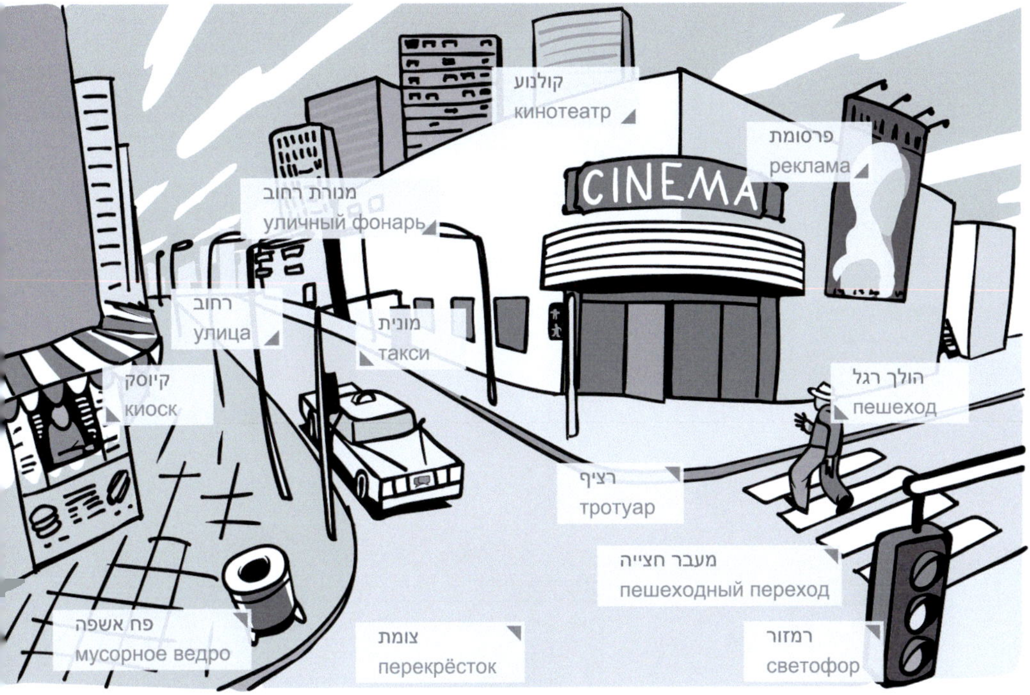

CINEMA
קולנוע
кинотеатр
פרסומת
реклама
מנורת רחוב
уличный фонарь
רחוב
улица
מונית
такси
קיוסק
киоск
הולך רגל
пешеход
רציף
тротуар
מעבר חצייה
пешеходный переход
פח אשפה
мусорное ведро
צומת
перекрёсток
רמזור
светофор

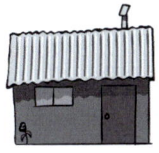

בקתה

хижина

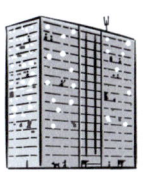

דירה

квартира

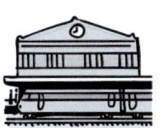

תחנת רכבת

вокзал

עירייה

ратуша

MUSEUM

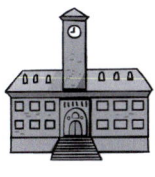

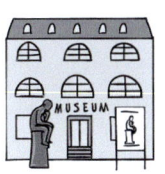

מוזיאון

музей

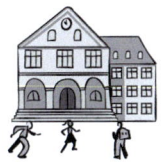

בית ספר

школа

אוניברסיטה

университет

בנק

банк

בית חולים

больница

מלון

гостиница

בית מרקחת

аптека

משרד

офис

חנות ספרים

книжный магазин

חנות

магазин

חנות פרחים

цветочный магазин

סופרמרקט

супермаркет

שוק

рынок

כל-בו

универмаг

מוכר דגים

торговец рыбой

קניון

торговый центр

נמל

порт

פארק

парк

ספסל

скамейка

גשר

мост

מדרגות

лестница

רכבת תחתית

метро

מנהרה

тоннель

תחנת אוטובוס

автобусная остановка

בר

бар

מסעדה

ресторан

תא דואר

почтовый ящик

שלט רחוב

табличка с названием
улицы

מדחן

паркометр

גן חיות

зоопарк

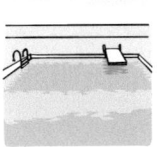

בריכת שחיה

бассейн

מסגד

мечеть

עיר - город

חווה

ферма

זיהום

загрязнение окружающей среды

בית עלמין

кладбище

כנסייה

церковь

מגרש משחקים

детская площадка

בית מקדש

храм

נוף
ландшафт

עלה
лист

תמרור
дорожный указатель

דרך
дорога

מרעה
луг

אבן
камень

עץ
дерево

מטייל
путешественник

נהר
река

דשא
трава

פרח
цветок

בקעה

долина

הר

гора

אגם

озеро

יער

лес

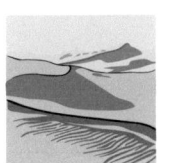

מדבר

пустыня

הר געש

вулкан

טירה

замок

קשת בענן

радуга

פטריה

гриб

דקל

пальма

יתוש

комар

זבוב

муха

נמלה

муравей

דבורה

пчела

עכביש

паук

חיפושית

жук

צפרדע

лягушка

סנאי

белка

קיפוד

еж

ארנב

заяц

ינשוף

сова

ציפור

птица

ברבור

лебедь

חזיר בר

кабан

צבי

олень

אייל הקורא

лось

סכר

плотина

טורבינת רוח

ветряной генератор

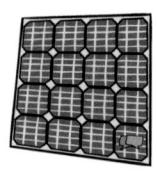

פנל סולארי

солнечная батарея

אקלים

климат

מסעדה

ресторан

מלצר
официант
תפריט
меню
כסא
стул
מרק
суп
פיצה
пицца
סכו"ם
столовые приборы
מפת שולחן
скатерть

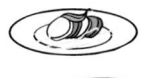

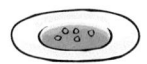

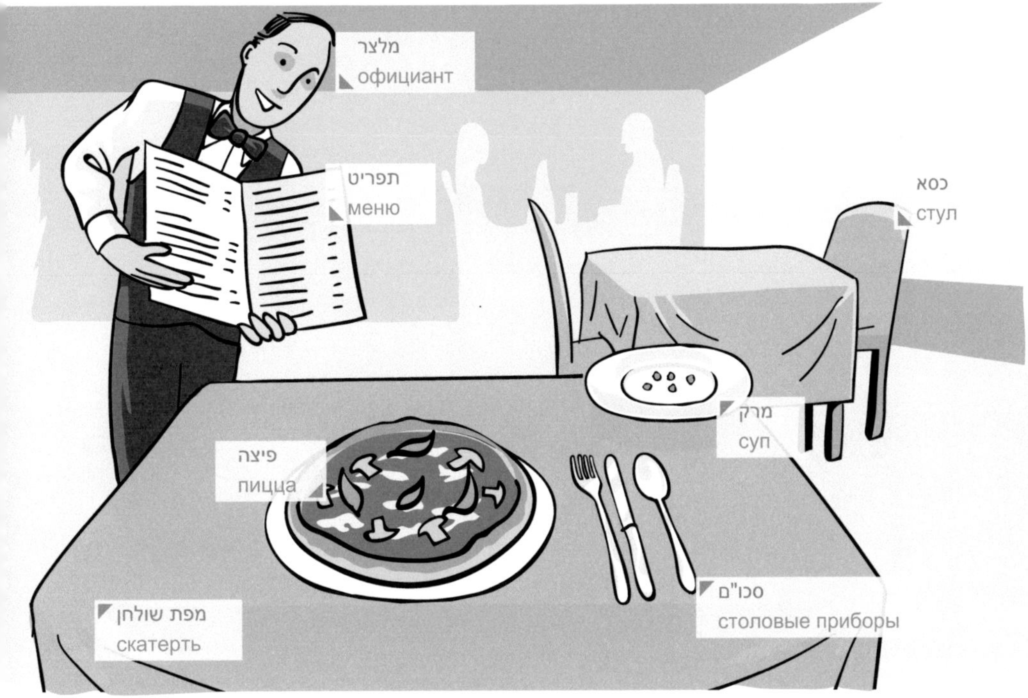

מנת פתיחה

закуска

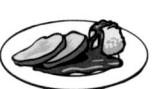

מנה עיקרית

главное блюдо

קינוח

десерт

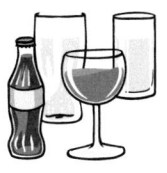

שתיות

напитки

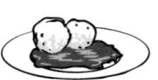

אוכל

еда

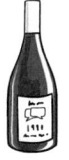

בקבוק

бутылка

מזון מהיר

фастфуд

אוכל רחוב

уличная еда

קנקן תה

чайник

מסכרת

сахарница

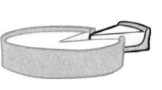

מנה

порция

מכונת אספרסו

кофеварка

כסא תינוק

детский стульчик

חשבון

счет

מגש

поднос

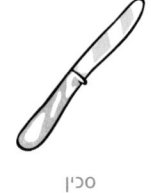

סכין

нож

מזלג

вилка

כף

ложка

כפית

чайная ложка

מפית

салфетка

כוס

стакан

מסעדה - ресторан

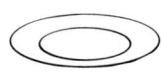

צלחת

тарелка

קערת מרק

суповая тарелка

תחתית

блюдце

רוטב

соус

מלחייה

солонка

מטחנת פלפל

мельница для перца

חומץ

уксус

שמן

масло

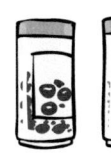

תבלינים

специи

קטשופ

кетчуп

חרדל

горчица

מיונז

майонез

סופרמרקט

супермаркет

מבצע
специальное предложение
FOR
לקוח
покупатель
מוצרי חלב
молочные продукты
פירות
фрукты
עגלת קניות
тележка для покупок

אטליז

мясной магазин

מאפייה

пекарня

שקל

взвешивать

ירקות

овощи

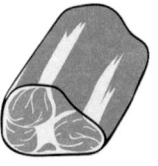

בשר

мясо

מזון קפוא

быстрозамороженные продукты

בשר קר

нарезка

שימורים

консервы

אבקת כביסה

стиральный порошок

ממתקים

сладости

מוצרי בית

предмет домашнего обихода

חומר ניקוי

моющее средство

מוכרת

продавщица

קופה

касса

קופאי

кассир

רשימת קניות

список покупок

שעות פתיחה

время работы

ארנק

бумажник

כרטיס אשראי

кредитная карточка

תיק

сумка

שקית נילון

полиэтиленовый пакет

שתיות

напитки

מים

вода

מיץ

сок

חלב

молоко

קולה

кока-кола

יין

вино

בירה

пиво

אלכוהול

алкоголь

קקאו

какао

תה

чай

קפה

кофе

אספרסו

эспрессо

קפוצ'ינו

капучино

אוכל

еда

תפוז

апельсин

תפוח

яблоко

בננה

банан

גזר

морковь

לימון

лимон

אבטיח

арбуз

בצל

лук

במבוק

бамбук

שום

чеснок

אטריות

лапша

אגוזים

орехи

פטריות

гриб

ספגטי

спагетти

אורז

рис

סלט

салат

צ'יפס

картофель фри

צ'יפס

жареный картофель

פיצה

пицца

המבורגר

гамбургер

כריך

сэндвич

שניצל

шницель

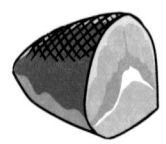

שינקין

ветчина

סלאמי

салями

נקניקיה

колбаса

עוף

курица

טיגון

жаркое

דג

рыба

שיבולת שועל

овсяные хлопья

מוזלי

мюсли

קורנפלקס

кукурузные хлопья

קמח

мука

קרואסון

круассан

לחמנייה

булочка

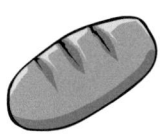

לחם

хлеб

טוסט

тост

עוגיות

печенье

חמאה

масло

גבינה לבנה

творог

עוגה

пирог

ביצה

яйцо

ביצת עין

яичница

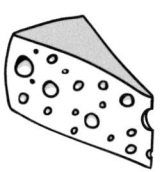

גבינה

сыр

גלידה

мороженое

סוכר

сахар

דבש

мёд

ריבה

мармелад

ממרח נוגט

крем с нугой

קארי

карри

חווה
ферма

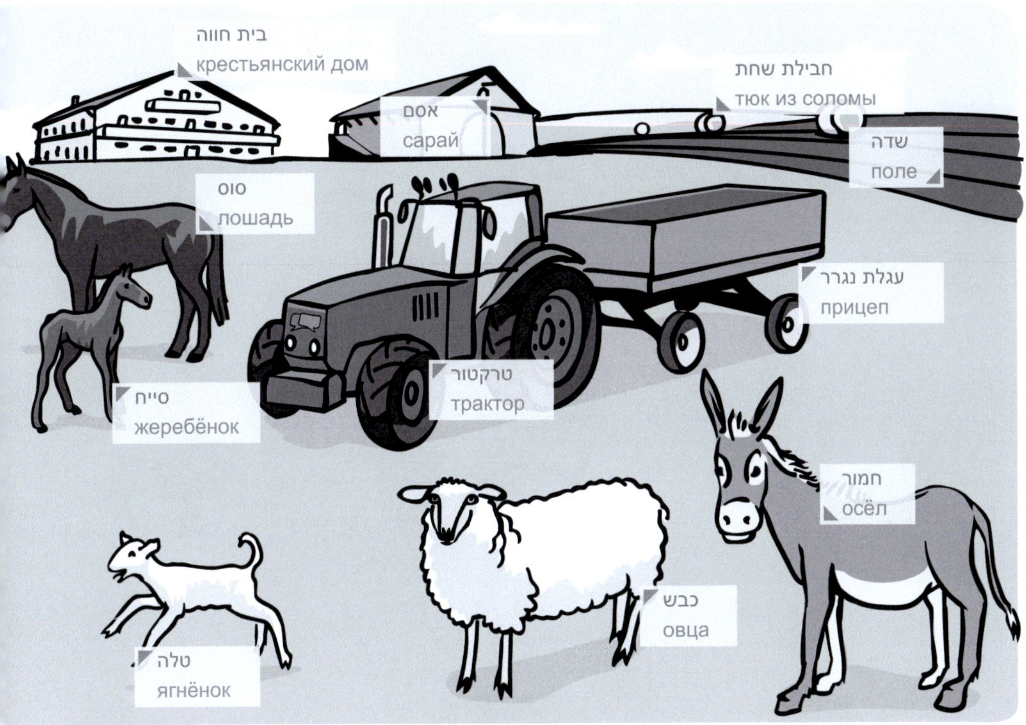

בית חווה
крестьянский дом
אסם
сарай
חבילת שחת
тюк из соломы
שדה
поле
סוס
лошадь
עגלת נגרר
прицеп
סייח
жеребёнок
טרקטור
трактор
חמור
осёл
כבש
овца
טלה
ягнёнок

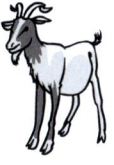

עז

коза

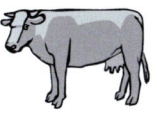

פרה

корова

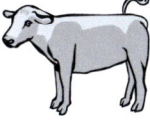

עגל

телёнок

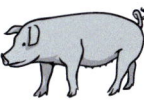

חזיר

свинья

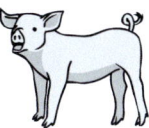

חזרזיר

поросёнок

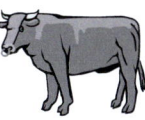

שור

бык

אווז

гусь

ברווז

утка

אפרוח

цыплёнок

תרנגולת

курица

תרנגול

петух

חולדה

крыса

חתול

кошка

עכבר

мышь

שור

вол

כלב

собака

מלונה

конура

צינור השקיה

садовый шланг

קנקן מים

лейка

חרמש

коса

מחרשה

плуг

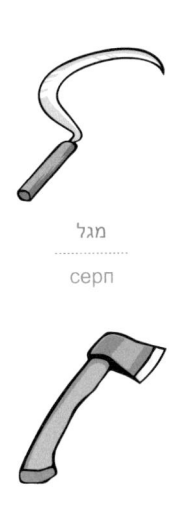

מגל

серп

מגרפה

мотыга

קלשון

навозные вилы

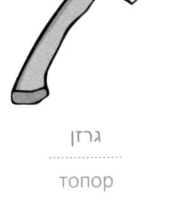

גרזן

топор

מריצה

тачка

שוקת

корыто

כד חלב

бидон для молока

שק

мешок

גדר

забор

אורווה

хлев

חממה

теплица

אדמה

почва

זרע

посев

דשן

удобрение

מקצרה

комбайн

חווה - ферма

קצר

собирать урожай

קציר

урожай

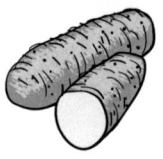

בטטה אפריקנית

ямс

חיטה

пшеница

סויה

соя

תפוח אדמה

картофель

תירס

кукуруза

קנולה

рапс

עץ פירות

фруктовое дерево

קסבה

маниок

דגנים

злаки

בית

дом

ארובה
גג
крыша
מרזב
водосточный желоб
חלון
окно
מוסך
гараж
פעמון
звонок
דלת
дверь
פח אשפה
мусорное ведро
תיבת מכתבים
почтовый ящик
גינה
сад

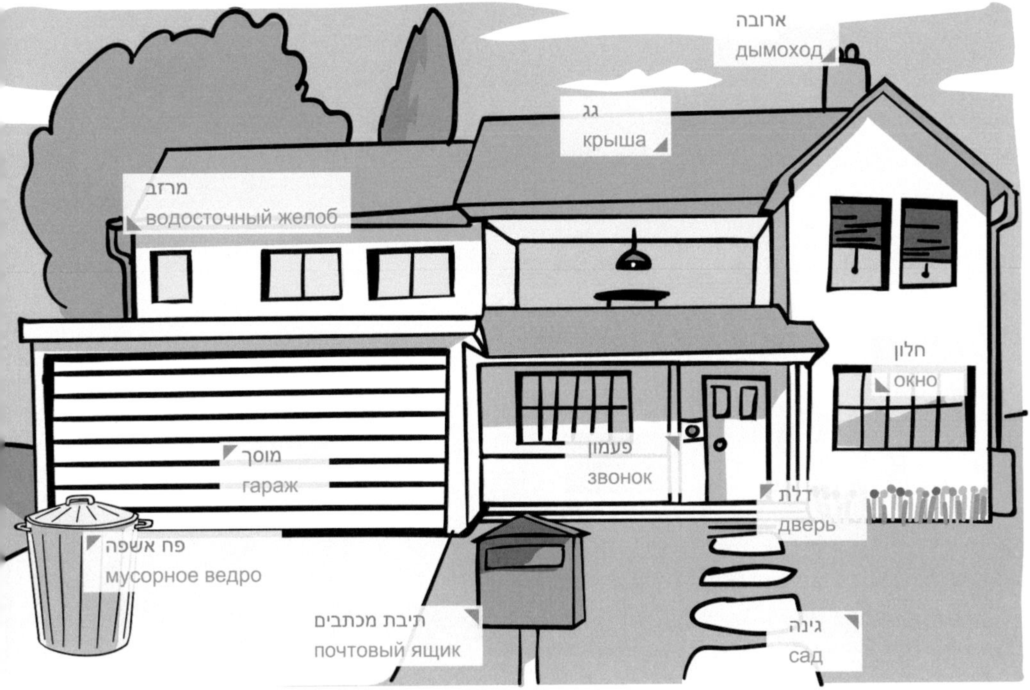

סלון

гостиная

חדר אמבטיה

ванная комната

מטבח

кухня

חדר שינה

спальня

חדר ילדים

детская комната

חדר אוכל

столовая

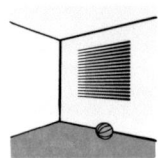

רצפה

пол

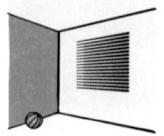

קיר

стена

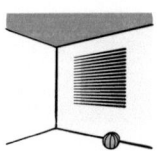

תקרה

потолок

מרתף

подвал

סאונה

сауна

מרפסת

балкон

מרפסת

терраса

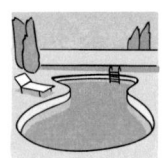

בריכה

бассейн

מכסחת דשא

газонокосилка

סדין

пододеяльник

כיסוי מיטה

покрывало

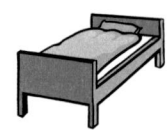

מיטה

кровать

מטאטא

метла

דלי

ведро

מפסק

выключатель

סלון

гостиная

טפט
обои
תמונה
рисунок
מנורה
лампа
מדף
полка
ארון
шкаф
טלוויזיה
телевизор
אח
камин
פרח
цветок
כרית
подушка
ספה
диван
אגרטל
ваза
שלט רחוק
пульт дистанционного управления

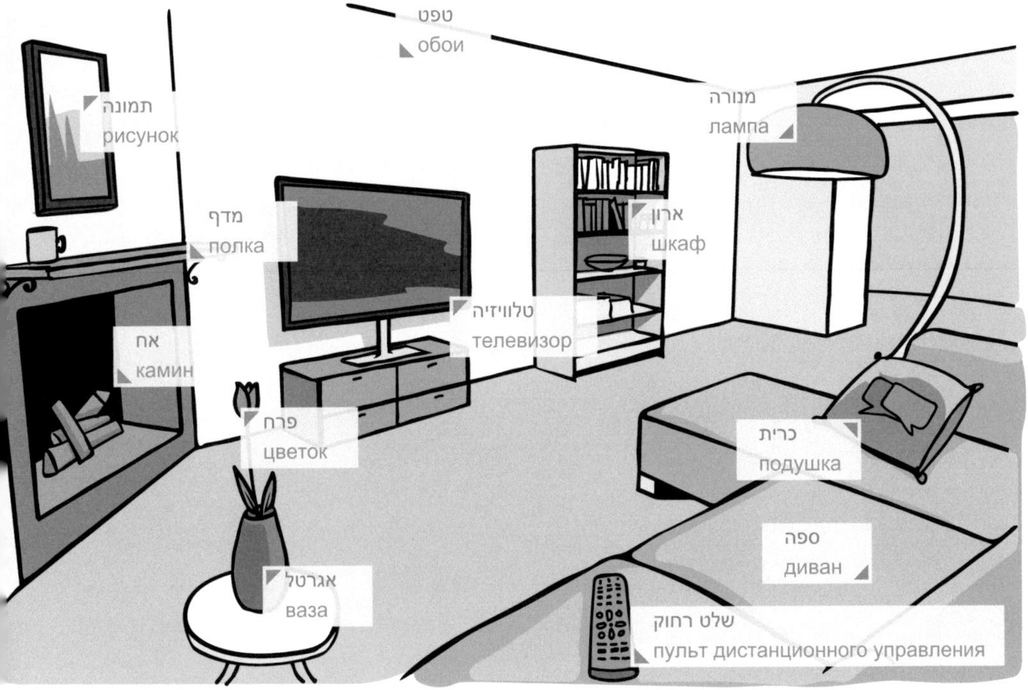

שטיח

ковёр

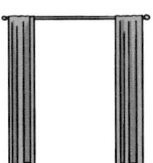

וילון

штора

שולחן

стол

כסא

стул

כיסא נדנדה

кресло-качалка

כורסה

кресло

ספר

книга

שמיכה

покрывало

דקורציה

украшение

עצי הסקה

дрова

סרט

фильм

מערכת סטריאו

стереосистема

מפתח

ключ

עיתון

газета

ציור

картина

פוסטר

плакат

רדיו

радио

מחברת

блокнот

שואב אבק

пылесос

קקטוס

кактус

נר

свеча

מטבח
кухня

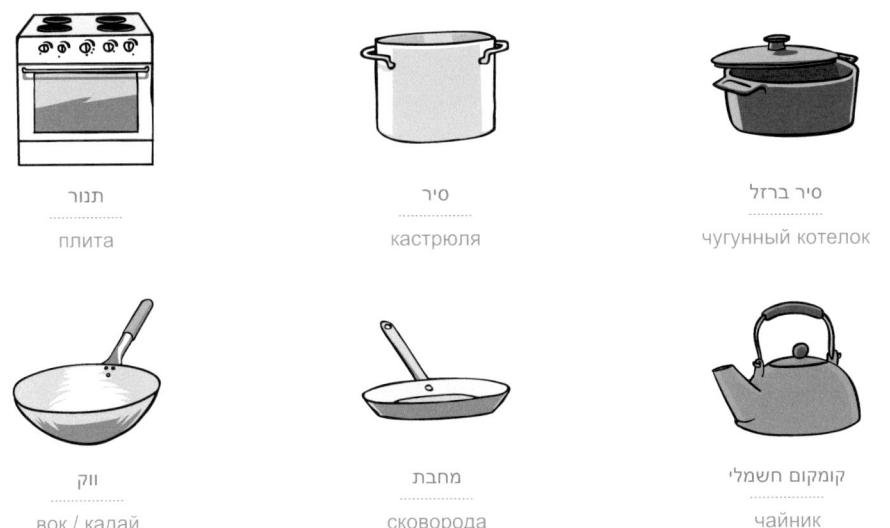

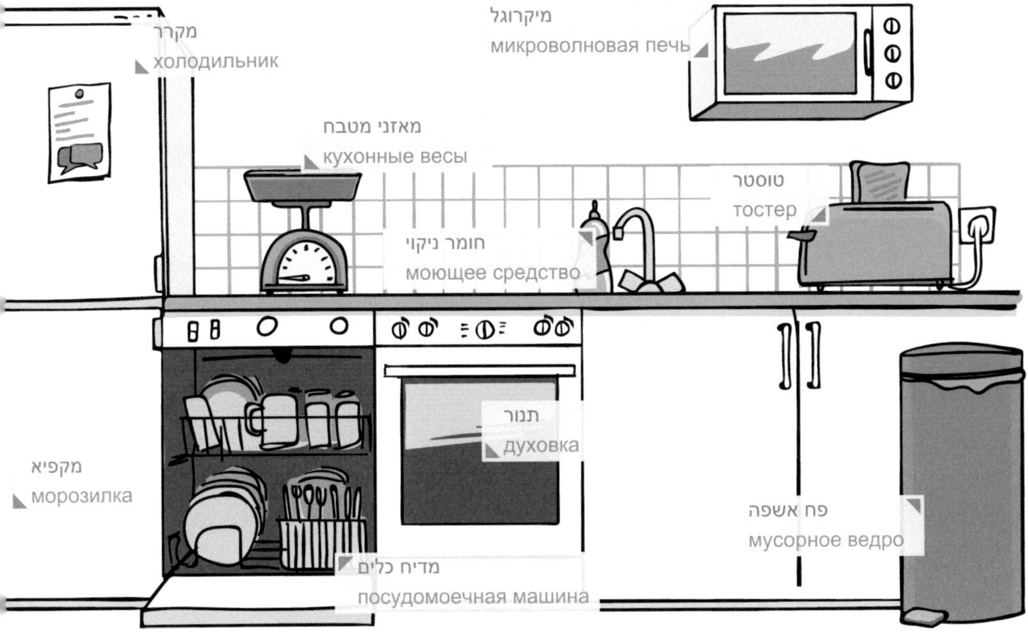
מקרר
холодильник
מיקרוגל
микроволновая печь
מאזני מטבח
кухонные весы
טוסטר
тостер
חומר ניקוי
моющее средство
תנור
духовка
מקפיא
морозилка
פח אשפה
мусорное ведро
מדיח כלים
посудомоечная машина

תנור

плита

סיר

кастрюля

סיר ברזל

чугунный котелок

ווק

вок / кадай

מחבת

сковорода

קומקום חשמלי

чайник

מאדה

пароварка

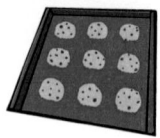

מגש אפייה

противень

כלי אוכל

посуда

ספל

кружка

קערה

миска

צ'ופסטיקס

палочки для еды

מצקת

половник

מרית

лопатка

מטרפה

сбивалка

מסננת בישול

сито

מסננת

сито

מגרדת

тёрка

מכתש

ступка

גריל

гриль

מדורה

костёр

קרש חיתוך

доска

מערוך

скалка

פותחן פקקים

штопор

פחית

жестяная банка

פותחן קופסאות

консервный нож

מטלית

прихватка

כיור

раковина

מברשת

щетка

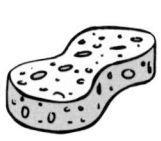

ספוג

губка

בלנדר

миксер

מקפיא

морозильная камера

בקבוק לתינוק

бутылочка для кормления

ברז

кран

חדר אמבטיה

ванная комната

חימום
отопление
מגבת
полотенце
מקלחת
душ
וילון מקלחת
душевая занавеска
אמבטיית קצף
пенистая ванна
אמבטיה
ванна
כוס
стакан
מכונת כביסה
стиральная машина
ברז
кран
אריחים
плитка
סיר לילה
горшок
כיור
раковина

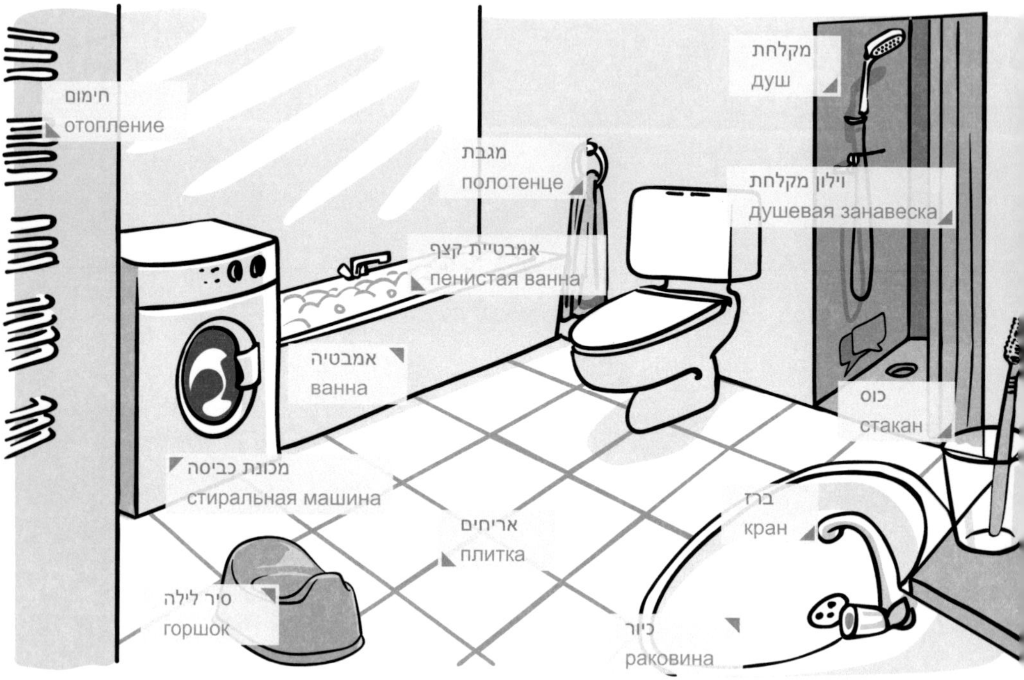

אסלה

туалет

אסלת כריעה

напольный унитаз

בידה

биде

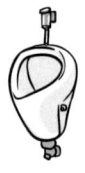

משתנה

писсуар

נייר טואלט

туалетная бумага

מברשת אסלה

ершик

מברשת שיניים

зубная щетка

משחת שיניים

зубная паста

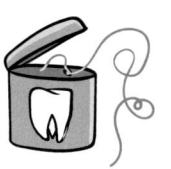

חוט דנטלי

зубная нить

שטף

мыть

מקלחת יד

ручной душ

צינור שטיפה לשירותים

интимный душ

קערת רחצה

таз

מברשת גב

щетка для спины

סבון

мыло

ג'ל רחצה

гель для душа

שמפו

шампунь

ליפה

мочалка

ניקוז

сток

קרם

крем

דיאודורנט

дезодорант

מראה

зеркало

מראת יד

ручное зеркало

סכין גילוח

бритва

קצף גילוח

пена для бритья

אפטרשייב

лосьон после бритья

מסרק

расческа

מברשת

щетка

מייבש שיער

фен

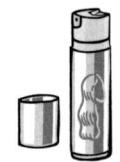

ספריי לשיער

лак для волос

איפור

косметика

שפתון

губная помада

לק

лак для ногтей

צמר גפן

вата

מספריים לציפורניים

маникюрные ножницы

בושם

духи

תיק כלי רחצה

косметичка

שרפרף

табуретка

משקל

весы

חלוק רחצה

халат

כפפות גומי

резиновые перчатки

טמפון

тампон

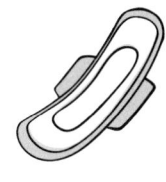

תחבושת סניטרית

гигиеническая прокладка

שירותים כימיקליים

биотуалет

חדר ילדים
детская комната

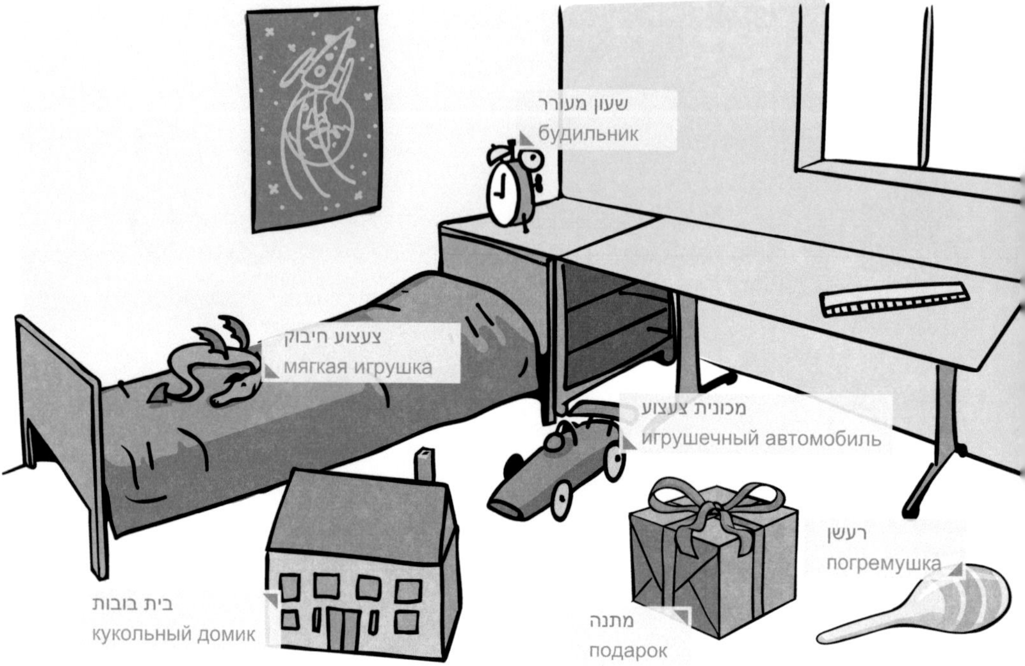

שעון מעורר
будильник

צעצוע חיבוק
мягкая игрушка

מכונית צעצוע
игрушечный автомобиль

רעשן
погремушка

בית בובות
кукольный домик

מתנה
подарок

בלון

воздушный шар

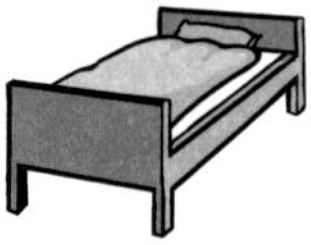

מיטה

кровать

עגלה

детская коляска

משחק קלפים

карточная игра

פאזל

пазл

קומיקס

комикс

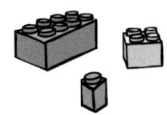

לגו

кирпичики Лего

קוביות משחק

кубики

דמות משחק

игрушечная фигурка

סרבל תינוקות

ползунки

פריזבי

фрисби

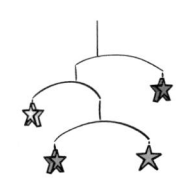

נייד

мобиле

משחק לוח

настольная игра

קוביה

кубик

רכבת צעצוע

модель железной дороги

מוצץ

соска

מסיבה

вечеринка

אלבום תמונות

книга с картинками

כדור

мяч

בובה

кукла

שיחק

играть

ארגז חול

песочница

נדנדה

качели

צעצועים

игрушка

קונסולת משחקים

игровая приставка

אופניים תלת גלגלי

трёхколесный велосипед

דובון

плюшевый медвежонок

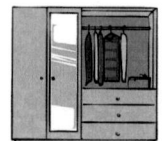

ארון בגדים

шкаф для одежды

בגדים

одежда

גרביים

носки

גרביונים

чулки

גרביון

колготки

צעיף
шарф

מטריה
зонтик

חולצת טי
футболка

חגורה
ремень

מגפיים
сапоги

נעלי ספורט
кроссовки

נעלי בית
тапки

סנדלים

сандалии

נעליים

ботинки

מגפי גומי

резиновые сапоги

תחתונים

трусы

חזייה

бюстгальтер

וסט

майка

גוף

боди

מכנסיים

брюки

ג'ינס

джинсы

חצאית

юбка

חולצה מכופתרת

блузка

חולצה

рубашка

אפודה

свитер

סווצ'ר עם קפוצ'ון

свитер

בלייזר

спортивная куртка

ז'קט

жакет

מעיל

пальто

מעיל גשם

плащ

תלבושת

костюм

שמלה

платье

שמלת כלה

свадебное платье

חליפה

мужской костюм

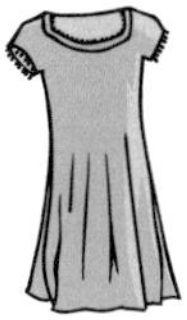

כותונת לילה

ночная сорочка

פיג'מה

пижама

סארי

сари

מטפחת ראש

платок

טורבן

тюрбан

בורקה

паранджа

קאפטן

кафтан

עבאיה

абайя

בגד ים

купальник

בגד ים

плавки

מכנסיים קצרים

шорты

בגד אימון

спортивный костюм

סינר

фартук

כפפות

перчатки

כפתור

пуговица

משקפיים

очки

צמיד יד

браслет

שרשרת

цепочка

טבעת

кольцо

עגיל

серьга

כובע

шапка

קולב

вешалка

כובע

шляпа

עניבה

галстук

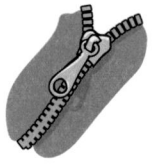

רוכסן

застежка молния

קסדה

шлем

כתפיות

подтяжки

תלבושת בית ספר

школьная форма

מדים

форма

מפית אוכל

детский нагрудник

מוצץ

соска

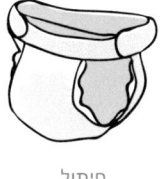

חיתול

подгузник

משרד
офис

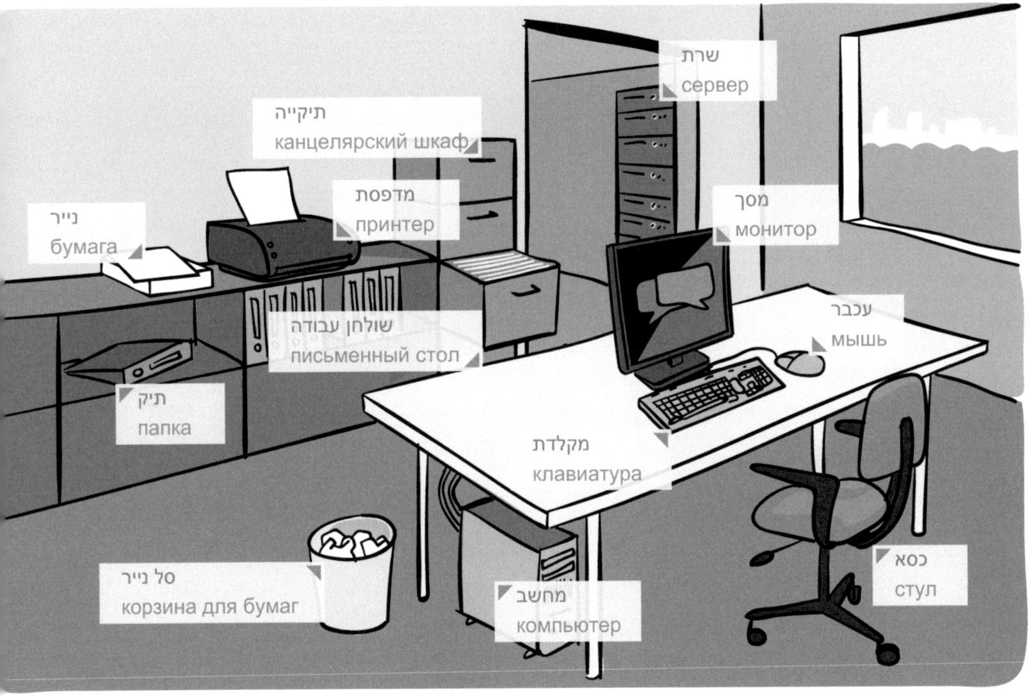

שרת
сервер

תיקייה
канцелярский шкаф

מדפסת
принтер

מסך
монитор

נייר
бумага

עכבר
мышь

שולחן עבודה
письменный стол

תיק
папка

מקלדת
клавиатура

סל נייר
корзина для бумаг

כסא
стул

מחשב
компьютер

ספל קפה

кофейная кружка

מחשבון

калькулятор

אינטרנט

интернет

מחשב נייד

ноутбук

מכתב

письмо

הודעה

сообщение

נייד

мобильный телефон

רשת

сеть

מכונת צילום

ксерокс

תוכנה

программа

טלפון

телефон

שקע

розетка

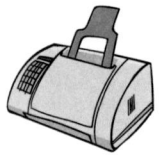

פקס

факс

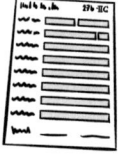

טופס

формуляр

מסמך

документ

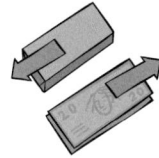

כלכלה

экономика

קנה

покупать

שילם

платить

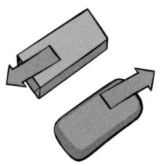

סחר

торговать

כסף

деньги

דולר

доллар

יורו

евро

ין

иена

רובל

рубль

פרנק שווייצרי

франк

CNY

יואן רנמינבי

жэньминьби юань

INR

רופי

рупия

כספומט

банкомат

המרת מטבע

пункт обмена валюты

זהב

золото

כסף

серебро

נפט

нефть

אנרגיה

энергия

מחיר

цена

חוזה

договор

מס

налог

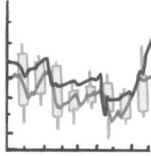

מנייה

акция

עבד

работать

עובד

служащий

מעסיק

работодатель

מפעל

фабрика

חנות

магазин

מקצועות

профессии

כבאי
пожарный
שוטר
милиционер
טבח
повар
רופא
врач
טייס
пилот

גנן

садовник

נגר

столяр

תופרת

швея

שופט

судья

כימאי

химик

שחקן

актёр

נהג אוטובוס

водитель автобуса

נהג מונית

таксист

דייג

рыбак

עובדת נקיון

уборщица

מתקן גגות

кровельщик

מלצר

официант

צייד

охотник

צייר

художник

אופה

пекарь

חשמלאי

электрик

עובד בניין

строитель

מהנדס

инженер

קצב

мясник

אינסטלטור

сантехник

דוור

почтальон

חייל

солдат

אדריכל

архитектор

קופאי

кассир

מוכר פרחים

флорист

ספר

парикмахер

כרטיסן

кондуктор

מכונאי

механик

קברניט

капитан

רופא שיניים

зубной врач

מדען

ученый

רב

раввин

אימאם

имам

נזיר

монах

כומר

священник

כלי עבודה

инструменты

פטיש
молоток
צבת
плоскогубцы
מברג
отвёртка
מפתח ברגים
гаечный ключ
פנס
карманный фон

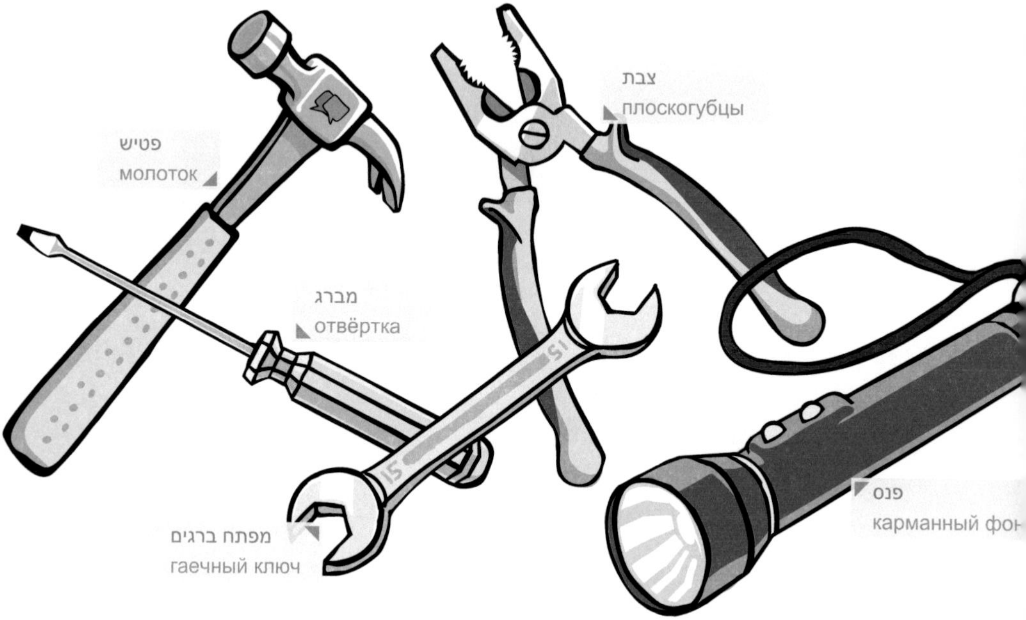

דחפור

экскаватор

ארגז כלים

ящик для инструментов

סולם

стремянка

מסור

пила

מסמרים

гвозди

מקדחה

дрель

תיקן

ремонтировать

את חפירה

лопата

לעזאזל!

Блин!

יעה

совок

פח צבע

ведро с краской

ברגים

винты

כלי נגינה

музыкальные инструменты

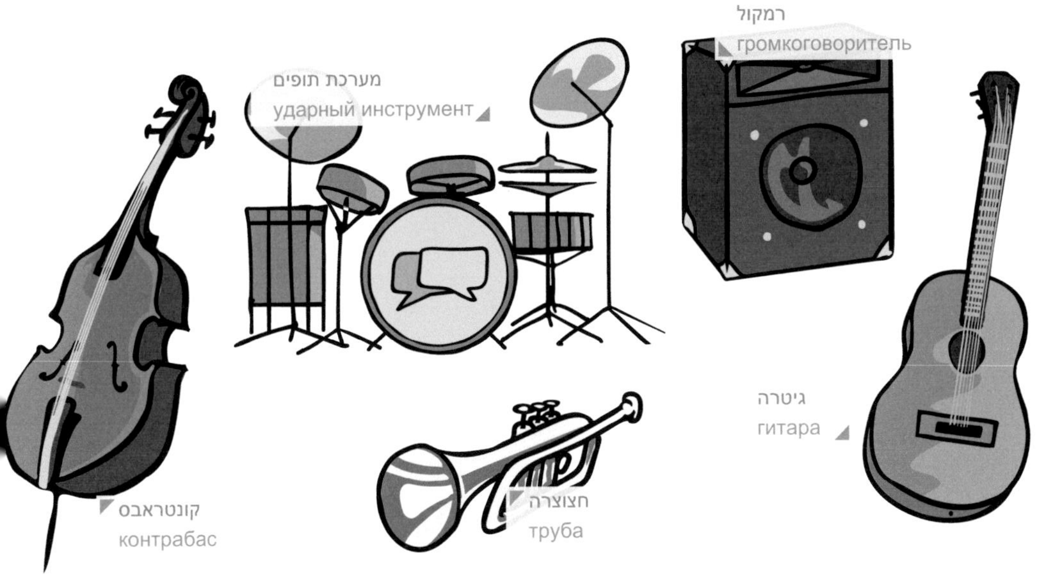

רמקול
громкоговоритель
מערכת תופים
ударный инструмент
גיטרה
гитара
קונטראבס
контрабас
חצוצרה
труба

פסנתר

пианино

כינור

скрипка

בס

бас-гитара

תוף הדוד

литавры

תופים

барабан

מקלדת פסנתר

синтезатор

סקסופון

саксофон

חליל

флейта

מיקרופון

микрофон

גן חיות

зоопарк

כניסה
вход
נמר
тигр
כלוב
клетка
זברה
зебра
מזון לחיות
корм
פנדה
панда

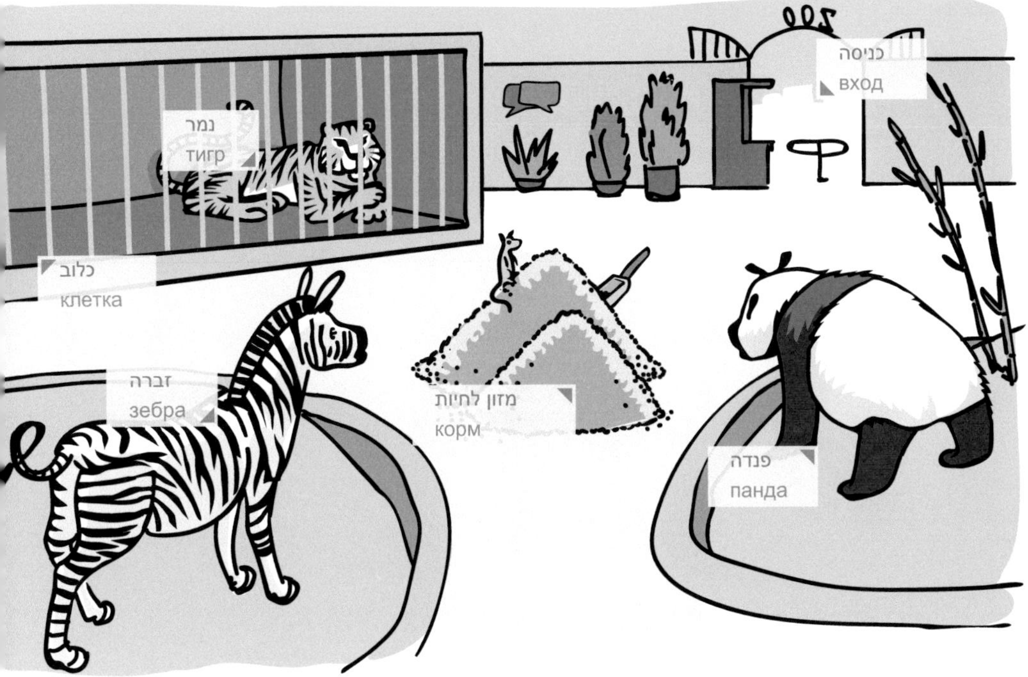

בעלי חיים

животные

פיל

слон

קנגרו

кенгуру

קרנף

носорог

גורילה

горилла

דוב

медведь

גמל

верблюд

יען

страус

אריה

лев

קוף

обезьяна

פלמינגו

фламинго

תוכי

попугай

דוב הקרח

белый медведь

פינגווין

пингвин

כריש

акула

טווס

павлин

נחש

змея

תנין

крокодил

שומר גן החיות

служитель зоопарка

כלב ים

тюлень

יגואר

ягуар

סוס פוני

пони

לאופרד

леопард

היפופוטאם

бегемот

ג'ירפה

жираф

נשר

орёл

חזיר בר

кабан

דג

рыба

צב

черепаха

סוס ים

морж

שועל

лиса

איילה

газель

ספורט

спорт

פוטבול אמריקאי
американский футбол
רכיבת אופניים
езда на велосипеде
טניס
теннис
כדורסל
баскетбол
שחיה
плавание
אגרוף
бокс
הוקי
хоккей

כדורגל

футбол

בדמינטון

бадминтон

אתלטיקה

лёгкая атлетика

כדור-יד

гандбол

עשה סקי

лыжный спорт

פולו

поло

פעילויות

действия

צחק
смеяться
קפץ
прыгать
חיבק
обнимать
הלך
идти
שר
петь
חלם
мечтать
התפלל
молиться
נשק
целовать

כתב

писать

צייר

рисовать

הראה

показывать

דחף

нажимать

נתן

давать

לקח

брать

יש / להיות הבעלים

иметь

עשה

делать

היה

быть

עמד

стоять

רץ

бежать

משך

тянуть

זרק

бросать

נפל

падать

שכב

лежать

חיכה

ждать

סחב

носить

ישב

сидеть

התלבש

надевать

ישן

спать

התעורר

просыпаться

הסתכל ב-

....

рассматривать

בכה

....

плакать

ליטף

....

гладить

סירק

....

причесывать

דיבר

....

говорить

הבין

....

понимать

שאל

....

спрашивать

שמע

....

слушать

שתה

....

пить

אכל

....

кушать

סידר

....

наводить порядок

אהב

....

любить

בישל

....

готовить

נהג

....

ехать

עף

....

летать

שט

ходить под парусом

חישב

считать

קרא

читать

למד

учиться

עבד

работать

התחתן

вступать в брак

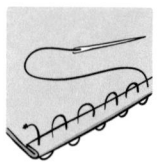

תפר

шить

ציחצח שיניים

чистить зубы

הרג

убивать

עישן

курить

שלח

отправлять

סבתא
бабушка

סבא
дедушка

אבא
папа

אימא
мама

תינוק
младенец

בת
дочь

בן
сын

אורח
гость

דודה
тетя

דוד
дядя

אח
брат

אחות
сестра

גוף

тело

מצח
лоб
עין
глаз
כתף
плечо
אצבע
палец
פנים
лицо
סנטר
подбородок
כף יד
кисть
רגל
нога
חזה
грудь
זרוע
рука

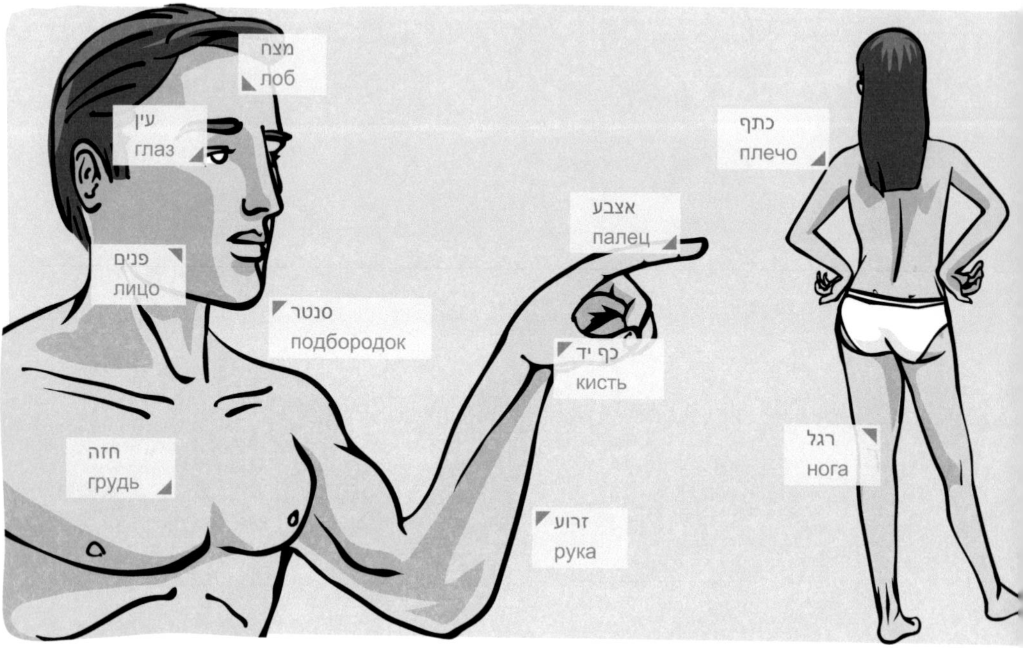

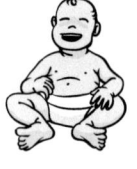

תינוק

младенец

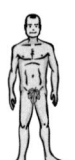

איש

мужчина

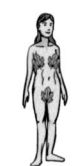

אישה

женщина

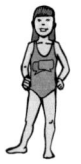

ילדה

девочка

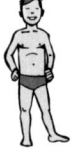

ילד

мальчик

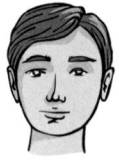

ראש

голова

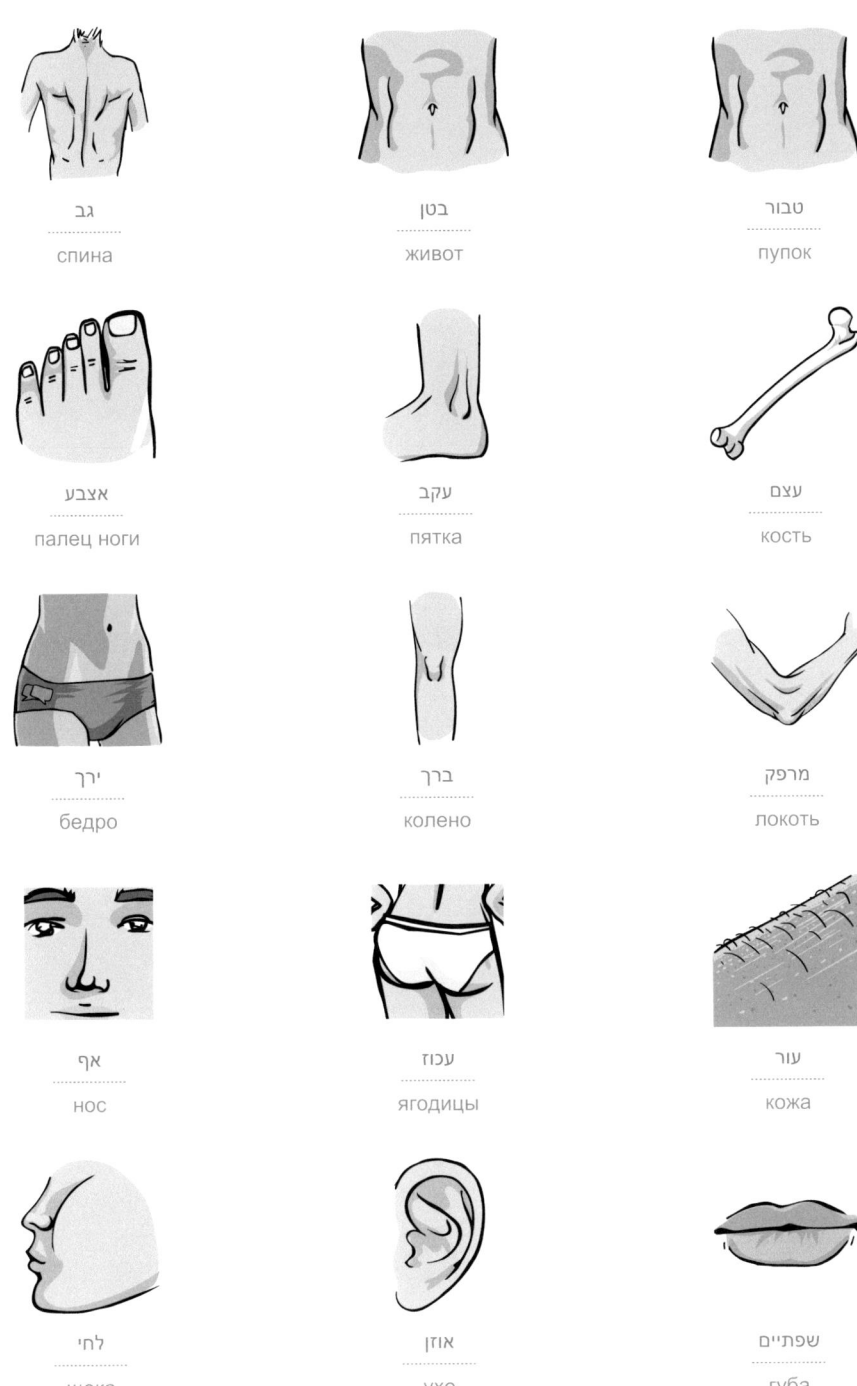

גב

спина

בטן

живот

טבור

пупок

אצבע

палец ноги

עקב

пятка

עצם

кость

ירך

бедро

ברך

колено

מרפק

локоть

אף

нос

עכוז

ягодицы

עור

кожа

לחי

щека

אוזן

ухо

שפתיים

губа

גוף - тело

פה

рот

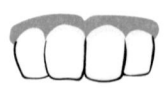

שן

зуб

לשון

язык

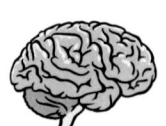

מוח

мозг

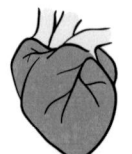

לב

сердце

שריר

мышца

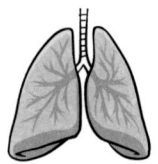

ריאה

лёгкое

כבד

печень

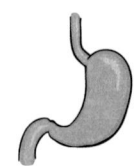

קיבה

желудок

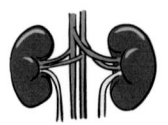

כליות

почки

מין

половой акт

קונדום

презерватив

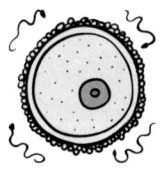

ביצית

яйцеклетка

זרע

сперма

הריון

беременность

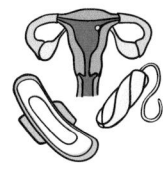

וסת

менструация

נרתיק

вагина

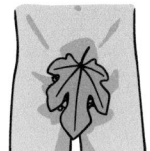

פין

пенис

גבה

бровь

שיער

волосы

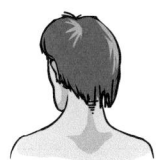

צוואר

шея

בית חולים

больница

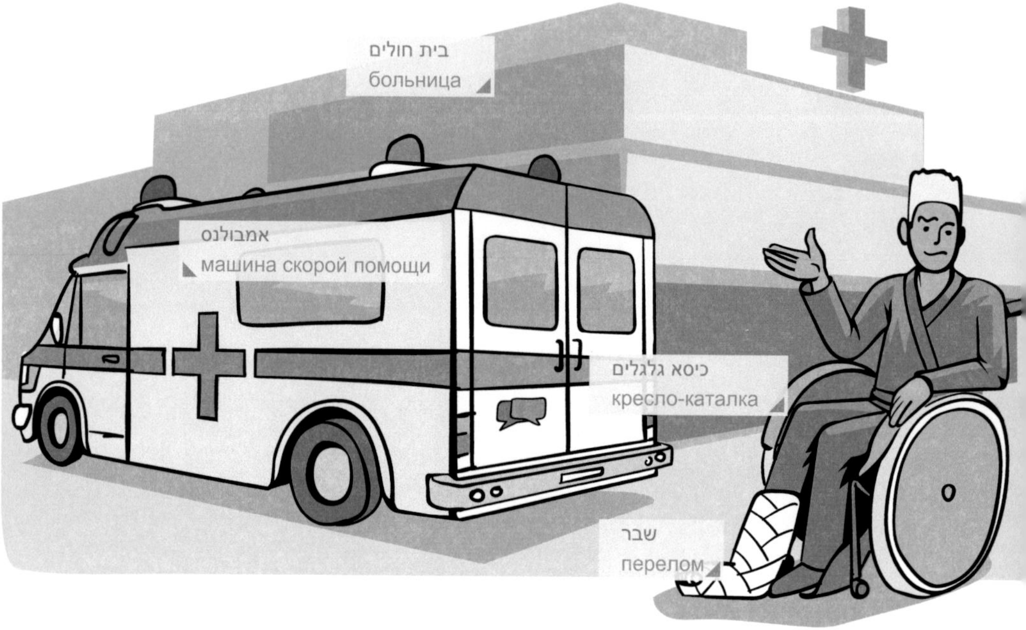

בית חולים
больница
אמבולנס
машина скорой помощи
כיסא גלגלים
кресло-каталка
שבר
перелом

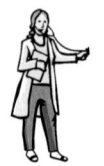

רופא

врач

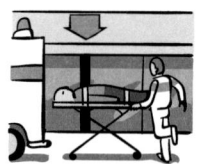

חדר מיון

пункт первой помощи

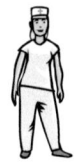

אחות

медсестра

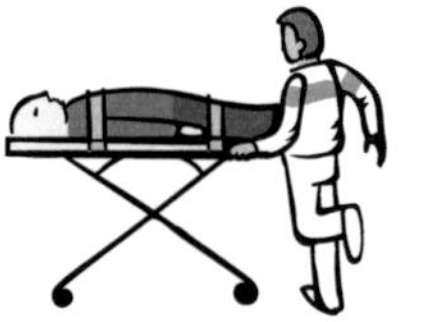

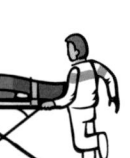

חירום

неотложный случай

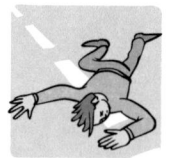

חסר הכרה

без сознания

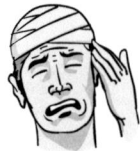

כאב

боль

פציעה

повреждение

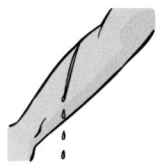

דימום

кровотечение

התקף לב

инфаркт

שבץ

инсульт

אלרגיה

аллергия

שיעול

кашель

חום

повышенная температура

שפעת

грипп

שלשול

понос

כאב ראש

головная боль

סרטן

рак

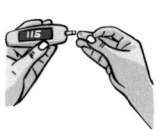

סוכרת

диабет

מנתח

хирург

אזמל

скальпель

ניתוח

операция

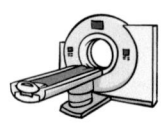

סי-טי

KT

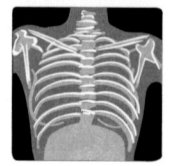

רנטגן

рентген

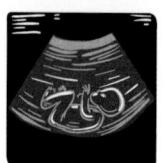

אולטרסאונד

ультразвук

מסיכת פנים

маска

מחלה

болезнь

חדר המתנה

приёмная

קבה

костыль

פלסטר

пластырь

תחבושת

бинт

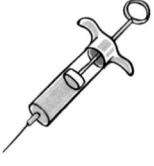

זריקה

укол

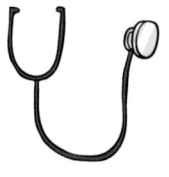

סטטוסקופ

стетоскоп

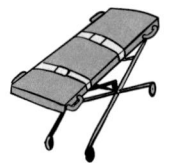

אלונקה

носилки

מד חום

термометр

לידה

рождение

עודף משקל

избыточный вес

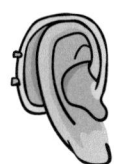

מכשיר שמיעה

слуховой аппарат

מחטא

дезинфекционное
средство

זיהום

инфекция

נגיף

вирус

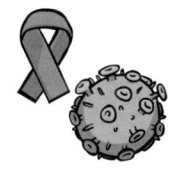

איידס

ВИЧ / СПИД

תרופה

лекарство

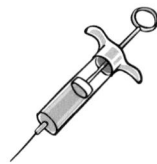

חיסון

прививка

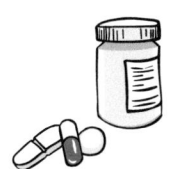

טבליות

таблетки

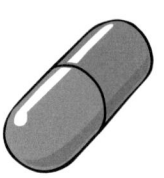

גלולה

противозачаточная
таблетка

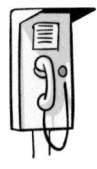

קריאת חירום

экстренный вызов

מד לחץ דם

прибор для измерения
кровяного давления

חולה / בריא

больной / здоровый

חירום

неотложный случай

הצילו!

Помогите!

אזעקה

сигнал тревоги

פשיטה

нападение

תקיפה

атака

סכנה

опасность

יציאת חירום

запасной выход

אש!

Пожар!

מטף כיבוי

огнетушитель

תאונה

несчастный случай

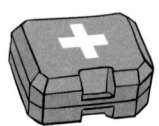

ערכת עזרה ראשונה

аптечка

הצילו!

SOS

משטרה

милиция

כדור הארץ
земля

אירופה

Европа

צפון אמריקה

Северная Америка

דרום אמריקה

Южная Америка

אפריקה

Африка

אסיה

Азия

אוסטרליה

Австралия

האוקיינוס האטלנטי

Атлантический океан

האוקיינוס השקט

Тихий океан

האוקיינוס ההודי

Индийский океан

האוקיינוס האנטרקטי

Антарктический океан

האוקיינוס הארקטי

Северный Ледовитый океан

הקוטב הצפוני

Северный полюс

הקוטב הדרומי

Южный полюс

אנטארקטיקה

Антарктика

כדור הארץ

земля

אדמה

суша

ים

море

אי

остров

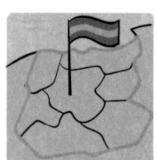

לאום

нация

מדינה

государство

שעון

часы

פני השעון

циферблат

מחוג השעות

часовая стрелка

מחוג הדקות

минутная стрелка

מחוג השניות

секундная стрелка

מה השעה?

Который час?

יום

день

זמן

время

עכשיו

сейчас

שעון דיגיטלי

электронные часы

דקה

минута

שעה

час

שבוע

неделя

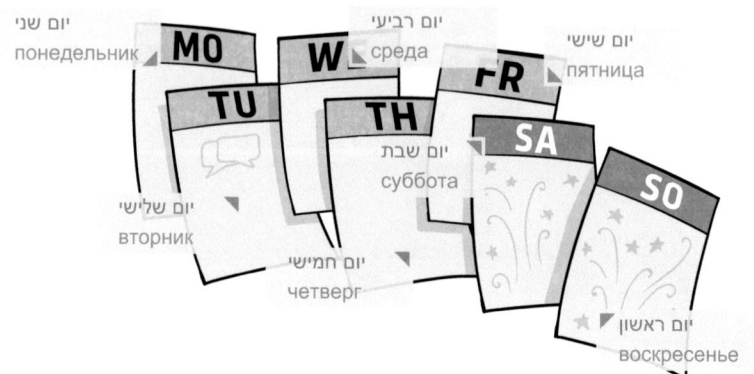

יום שני
понедельник

יום רביעי
среда

יום שישי
пятница

יום שלישי
вторник

יום שבת
суббота

יום חמישי
четверг

יום ראשון
воскресенье

אתמול

вчера

היום

сегодня

מחר

завтра

בוקר

утро

צהריים

полдень

ערב

вечер

ימי עבודה

рабочие дни

סוף שבוע

выходные

שנה

год

קשת בענן
радуга
גשם
дождь
שלג
снег
רוח
ветер
אביב
весна
סתיו
осень
קיץ
лето
חורף
зима

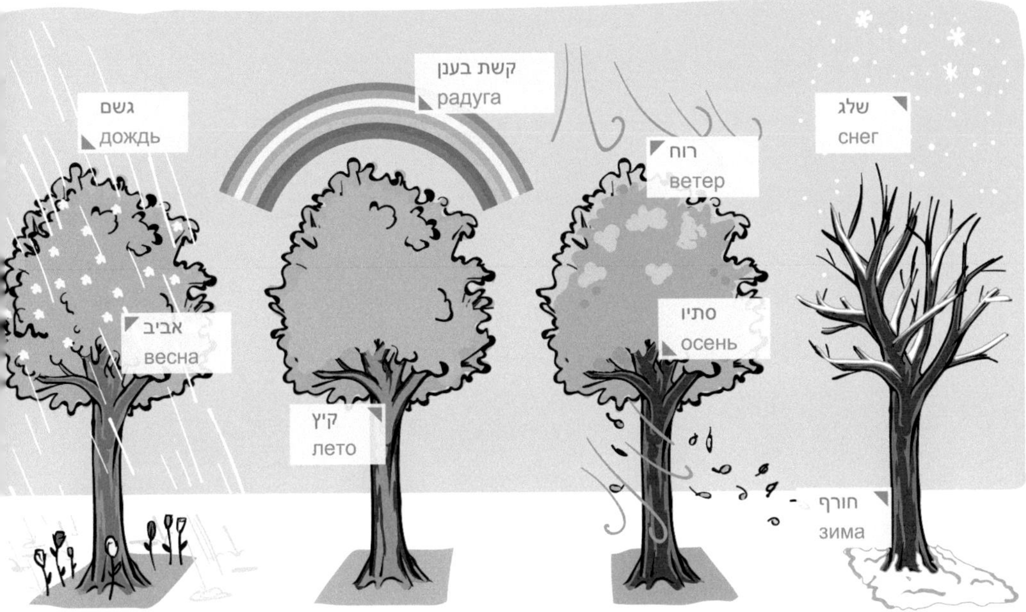

תחזית מזג האוויר

прогноз погоды

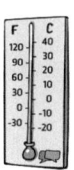

מד חום

термометр

אור שמש

солнечный свет

ענן

туча

ערפל

туман

לחות

влажность воздуха

ברק

молния

רעם

гром

סערה

буря

ברד

град

רוח עונתי

муссон

שיטפון

наводнение

קרח

лёд

ינואר

январь

פברואר

февраль

מרץ

март

אפריל

апрель

מאי

май

יוני

июнь

יולי

июль

אוגוסט

август

ספטמבר
....
сентябрь

אוקטובר
....
октябрь

נובמבר
....
ноябрь

דצמבר
....
декабрь

צורות

формы

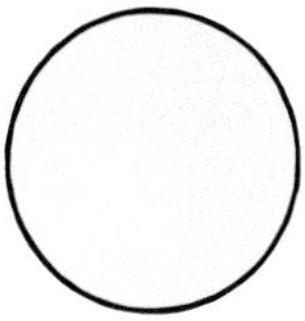

עיגול
....
круг

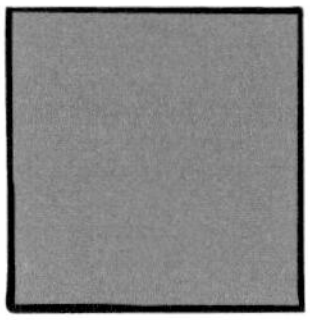

מרובע
....
квадрат

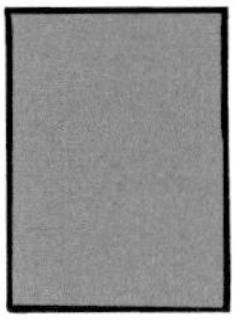

מלבן
....
прямоугольник

משולש
....
треугольник

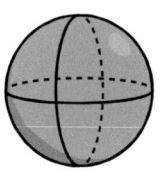

כדור
....
шар

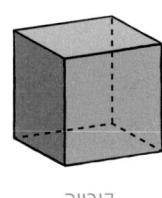

קובייה
....
куб

צבעים

цвета

לבן

белый

צהוב

желтый

כתום

оранжевый

ורוד

розовый

אדום

красный

סגול

лиловый

כחול

синий

ירוק

зелёный

חום

коричневый

אפור

серый

שחור

черный

הפכים

противоположности

יפה / מכוער

красивый / уродливый

כועס / רגוע

яростный / мирный

הרבה / מעט

много / мало

בהיר / כהה

светлый / темный

גדול / קטן

большой / маленький

התחלה / סוף

начало / конец

שלם / חלקי

полный / неполный

נקי / מלוכלך

чистый / грязный

אח / אחות

брат / сестра

רחב / צר

широкий / узкий

מת / חי

мёртвый / живой

יום /לילה

день / ночь

אכיל / לא אכיל

съедобный / несъедобный

רשע / טוב לב

злой / дружелюбный

מתרגש / משועמם

взволнованный / скучающий

שמן / רזה

толстый / худой

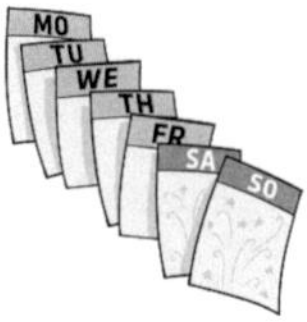

ראשון / אחרון

сначала / в конце

חבר / אויב

друг / враг

מלא / ריק

полный / пустой

קשה / רך

твёрдый / мягкий

כבד / קל

тяжёлый / легкий

רעב / צמא

голод / жажда

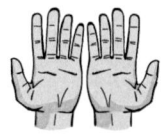

חולה / בריא

больной / здоровый

בלתי-חוקי / חוקי

незаконный / законный

נבון / טיפש

умный / глупый

שמאל / ימין

слева / справа

קרוב / רחוק

близко / далеко

חדש / משומש

новый / подержанный

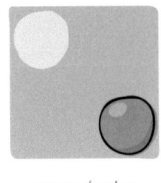

כלום / משהו

ничто / нечто

זקן / צעיר

старый / молодой

פעיל / כבוי

включено / выключено

פתוח / סגור

открыто / закрыто

שקט / רועש

тихо / громко

עשיר / עני

богатый / бедный

נכון / שגוי

правильный /
неправильный

מחוספס / חלק

шероховатый / гладкий

עצוב / שמח

печальный / счастливый

קצר / ארוך

короткий / длинный

איטי / מהיר

медленный / быстрый

רטוב / יבש

мокрый / сухой

חם / קר

тёплый / прохладный

מלחמה / שלום

война / мир

מספרים
цифры

0	1	2
אפס	אחת	שתיים
ноль	один	два
3	4	5
שלוש	ארבע	חמש
три	четыре	пять
6	7	8
שש	שבע	שמונה
шесть	семь	восемь
9	10	11
תשע	עשר	אחת-עשרה
девять	десять	одиннадцать

12

שתים-עשרה

двенадцать

13

שלוש-עשרה

тринадцать

14

ארבע-עשרה

четырнадцать

15

חמש-עשרה

пятнадцать

16

שש-עשרה

шестнадцать

17

שבע-עשרה

семнадцать

18

שמונה-עשרה

восемнадцать

19

תשע-עשרה

девятнадцать

20

עשרים

двадцать

100

מאה

сто

1.000

אלף

тысяча

1.000.000

מיליון

миллион

שפות

ЯЗЫКИ

אנגלית

английский

אנגלית אמריקאית

американский английский

סינית מנדרינית

мандаринский китайский

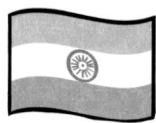

הודית

хинди

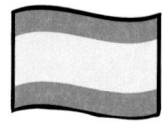

ספרדית

испанский

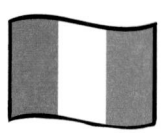

צרפתית

французский

ערבית

арабский

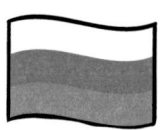

רוסית

русский

פורטוגזית

португальский

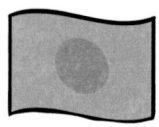

בנגלית

бенгальский

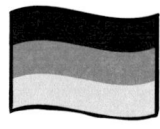

גרמנית

немецкий

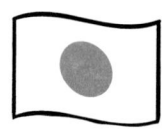

יפנית

японский

מי / מה / איך

кто / что / как

אני

я

אתה / את

ты

הוא / היא / זה

он / она / оно

אנחנו

мы

אתם

вы

הם

они

מי?

кто?

מה?

что?

איך?

как?

איפה?

где?

מתי?

когда?

שם

имя

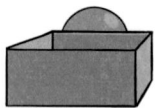

איפה

где

לפני

перед

בתוך

в

מאחור

за

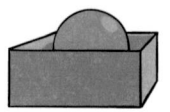

מתחת

под

על

на

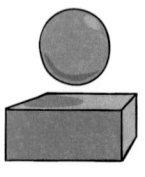

מעל

над

מקום

место

בין

между

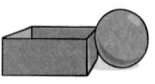

ליד

рядом

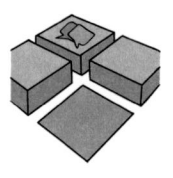